너라는 간극

이향란 시집

시인동네 시인선 064 이향란 시집

너라는 간극

시인동네

시인의 말

결국
이만큼의 나를 겪었다

시여, 미안하다

2016년 8월
이향란

차례

시인의 말

제1부

붉은 기억으로 익어가는 토마토 · 13

종이남자 · 14

접안 · 16

공중, 전화를 찾다 · 18

양팔 저울의 비애 · 20

소란의 알 · 21

이별을 위한 상대성이론 · 22

가벼워진 것들의 무게 · 23

얼룩에 대한 해명 · 24

탁란 · 26

응시에 대한 오류 · 27

당신으로 살다 · 28

간극에 대하여 · 29

물을 건너온 바람 · 30

이분법에 대한 고찰 · 32

부재 · 34

제2부

바늘의 시 · 37

바깥을 듣는 저녁 · 38

라디오 · 40

지렁이 · 41

알람 · 42

관계의 모형 · 44

즐거운 객관 · 45

희석의 원리 · 46

물의 귀 · 48

시래기 · 49

구름처럼 내 연애는 또 그렇게 흘러가고 · 50

늦가을 · 51

내 절망의 언어는 · 52

사랑이 말했다 · 54

거울 · 56

제3부

플라이낚시 · 59

고요의 비명 · 60

포착 · 61

꽃 속에서 우리는 · 62

원심력, 그 우울한 법칙 · 63

중독 · 64

통속하지만 목련 · 65

어느 낯선 아침에 대한 소묘 · 66

개 · 68

따뜻한 사전 · 69

나가 놀아라 · 70

로드 킬 · 71

통행금지구역 · 72

열등감 · 73

다이아 · 74

목격 · 75

나비 · 76

제4부

거짓말 · 79

맨홀 · 80

병원 · 82

내게 미안하다 · 84

그리운 귀신 · 86

나는 나를 나라고 믿지 않는다 · 87

탈의실에서 · 88

물결의 시원(始原) · 89

나를 돌려주세요 · 90

가설(假說)로 사는 새 · 92

빗방울 · 94

뱀 · 95

파란 줄무늬 셔츠를 입은 남자에게 · 96

휴가 · 98

나의 저녁을 모두 탕진해버리겠어 · 100

푸르른 절정 · 102

해설 '간극-사이', 진정한 관계 맺기의 어려움 · 103
    백인덕(시인)

제1부

붉은 기억으로 익어가는 토마토

싼 값에 덜 익은 토마토 한 상자를 샀다. 지금은 파래도 실온에 그냥 두기만 하면 금방 익을 거라고 했다. 정말 그랬다. 하루가 지나면서 붉은 빛이 서서히 돌기 시작하더니 어느 날은 온통 붉어졌다. 토마토는 예전의 붉은 기억에 충실했다. 본의 아니게 그것으로부터 멀어졌지만 되돌아갈 줄 알았다. 푸름을 붉음으로 스스로 물들일 줄 알았다. 그러면서 온전히 익어갔다. 햇빛이나 바람은 절대 아니었다.

종이남자

아무 냄새도 나지 않는,
무색 무미의 종이남자를 접는다

세상을 향해, 어느 여자를 향해 허우적이던 팔과
무던히 뛰고 달리던 다리와
펄떡이는 뜨거운 심장 들키지 않게

종이비행기가 아니어도
던지면 어딘가 가볍게 톡 떨어질 수 있도록
내뱉지 못하던 말과 울음이 마음껏 새어나오도록
구겨진 생, 지나던 바람마저 들여다볼 수 있도록

활활 불 지를 생각은 없다
주름살처럼 쪼글쪼글해진 그 남자 잘 펴서
애잔함 몇 자 적어 물 위에 가만히 띄워보고
고뇌로 가득 찬 얼굴 가려지도록
모자도 접어 씌워주고 싶다

우연히, 잠시 만나
아무도 모르게 꼬깃꼬깃 손안에 감췄다가
하늘로 날려 보냈다가
외로울 땐 천천히 다시 펴보던 종이남자를
고서(古書)의 중간 페이지 즈음에
슬며시 끼워두고 싶다

접안

무엇인가
물처럼 스며들어, 천상의 계절로 찾아들어
생의 몇 날을 머물다 간 적 있다

나는 시력을 잃고 말라갔으며 말을 잊었다
불 밝힌 마음은 아득한 곳을 향해 깃발처럼 흔들거나
가까워졌다 멀어지기를 반복하면서 옆구리가 닳았다
찢긴 지 오래인 돛
떠밀려 온 해초더미에 칭칭 감긴 닻
발이 잘린 내 역사는 빛나고 어두웠다
오르지 못한 채 둥둥
빈 배였다

다가간다는 것은 온몸으로 기댄다는 것은
서글픈 운율로 나를 켜는 일
나를 되려 가두는 일
내게서 다시 내게로 건너가는 일
그리하여 끝까지 남은 나를, 비늘 덮인 나를

바다로 되돌리는 일이었다

다가갈 수 없거나
다가가지 못하던 그때처럼

공중, 전화를 찾다

혼자서 아침을 부르고 혼자서 저녁 속으로 들어간다

갑자기, 한꺼번에 공중이 그리운 날
길모퉁이 부스에 들어가 전화를 걸면
저요 저요, 손을 들며 재미난 이야기를 들려주겠다거나
노래를 부르겠다거나 술을 같이 마시겠다거나
연애도 마다하지 않겠다는 말들이 범벅을 이룰 것 같다

거리로 뛰쳐나가 '여보세요' 하면
공중은 꽃밭처럼, 숲처럼, 새떼처럼 몰려와
오래도록 막혔던 귓속을 뻥! 뚫어줄 것 같다

하여
나는 곰살궂은 일상에 몸을 띄우고
공중의 몸으로 떠들썩하게 날아다니거나
공중의 눈빛을 반짝이며 공중의 가슴으로 화끈거릴 듯싶다
그들처럼

적요로 인한 환청에도 시달리지 않을 듯한데
공중, 전화는 어디에 있을까

양팔 저울의 비애

두 눈 두 귀가 있듯이
두 입 두 가슴도 차라리 있었다 하자
본디 그러했는데 닳거나 진화된 거라고 치부해 버리자
그리하여 세상에서 가장 무겁고 깊은 것에게는
입과 가슴 하나씩 더 달아주어 통증을 덜어주자
어느 곳으로 새어나가든
어느 방향으로 기울어지든
그것은 오로지 두 입과 두 가슴의 평형을 위한 것
더 이상 잴 수 없는 생의 질량을 끌어안기 위한 것
안으로 파고드는 마음과
밖으로 나가려는 마음의 충돌을 어루만져
당연히 그러하다는 듯 충분히 이해된다는 듯
 양팔이어서 어느 것 하나 버릴 수 없음이 오히려 다행이라는 듯
 이쪽에서 저쪽으로 저쪽에서 이쪽으로
 그러나 섞일 수 없음이 비극이라는 듯 희극이라는 듯

소란의 알

한번 다녀간 소란은

건드려도 흔들리지 않는,
흔들어도 깨지지 않는,

적막이라는 커다란
알을 낳는다

이별을 위한 상대성이론
―멈춰 있는 물체의 시간보다 움직이는 물체의 시간이 더 느리게 간다

몸부림으로 잊히는 게 아니다

예전의 그 카페에 들러 따뜻한 시간을 마시고, 행복했던 술집에서 눈물에 취한들 그것은 지우기 위함이 아니라 각인하는 것에 불과하다 낯선 곳을 찾아 떠난 길 위에서 새를 부르고 바람을 쫓아가 보라 이별은 오히려 곁에 바싹 달라붙을 것이다 달아날수록 가까이서 마음을 역류시키려 할 것이다 태엽이 풀린 시계가 느릿느릿 어둠 속을 헤맬 때도 사랑은 처음 만났던 목소리로 뜨겁게 속삭일 것이다

그러므로 이별이 찾아왔을 때는
순간에 꽂혀 얼어붙는 것이다, 멈추는 것이다

얼음장 밑
채 얼지 못한 이별마저 끌어 잡아당기며 꽝꽝,

가벼워진 것들의 무게

 리어카 가득 빈 박스를 싣고 길을 건너는 노인의 걸음이 휘청댄다.

 그득함이 사라져 텅텅 비었는데, 그 비어 있음을 빈틈없이 접어 차곡차곡 쌓았는데, 차마 그늘이라 할 수 없는 것이, 흔적이라 할 수 없는 것이, 상자의 보이지 않는 구석에서 머뭇거리고 있다. 쉽사리 떠나지 못한 채 저희들끼리 두런두런 속내를 풀고 있다. 가벼워진 곳곳의 눅눅함을 말리고 있다. 비었음을 믿지 못하겠다는 듯 서로의 가슴 가슴을 쓸어내리고 있다.

 파란 불이 켜졌어도
 횡단보도를 건너지 못하게 노인을 붙들고서,

얼룩에 대한 해명

등 한가운데 얼룩이 있다고요
마치 점 하나가 번진 것 같다고요

나는 그 얼룩을 볼 수가 없답니다
거울을 들고도 보지를 못합니다
어쩌다 생겨났는지는 더더욱 모릅니다

언젠가
가슴에 나부끼다 달라붙은 낙엽이거나
느닷없이 불어 닥치던 한 줄기 바람인지도

빛나는 황홀과 뼈아픈 눈물을 떠올려도
기억나지 않습니다

글쎄요, 그 얼룩 살살 문지르면
이제 마악 모퉁이를 돌아서는 이름 하나 떠오를까요

내 몸의 얼룩이라니,

차라리 업고서 지낼까 합니다

먼 훗날
우연히 내 등을 바라보는 누군가에게
횡설수설 이렇듯 해명하지 않을 때까지만요

탁란

환히 불 켜진 그 집에
맨몸으로 들어가

유영하는 나를 슬며시
낳고 싶다

응시에 대한 오류

너는,
울고 있는 나를 웃고 있다 한다
슬픔이 난도질당하는 순간의 비명을
환호성이라 한다

나는,
웃고 있는 너를 울고 있다 한다
기쁨이 물결치는 한가운데서
고독의 멍을 건져 올린다

마음의 동공에 맺힌 이것을
거둘 수 있다면

당신으로 살다

오늘의 나는 그림자처럼 늘어진 나를 접고 당신이 즐기던 새빨간 짬뽕과 소주를 시켜먹으며 당신의 자세로 앉아 책을 읽고 시를 쓴다 당신의 뭉툭한 손끝으로 나를 더듬고 만진다 당신처럼 서서 변기에 오줌을 누고 조용히 콧노래도 부른다 이렇게 반나절만 살아도 당신의 발자국은 저벅저벅 문밖까지 다가와 초인종을 눌러댄다

그러나, 이제,
당신이 저문다
유령처럼 내게서 빠져나간다

나로 서 있기가 매우 힘들다

간극에 대하여

네가 내게 뻗치거나 내가 네게 닿는 모든 것이 왜 전부라고 느껴지지 않는지, 마음의 핏대를 올리며 너와 나 서로에게 충실하였으나 왜 바람 불고 비가 내리는지

목숨 다해 사랑한다는 너의 말을 듣는 순간 나 또한 그러하다고 소리치고 싶었으나 서성대는 공허 앞에서 나는 차마 그럴 수가 없었다

너는 늘 수많은 걸음으로 내게 다녀가지만 단 한 번도 다녀가지 않은 사람처럼 문밖에 여전히 그렇게 서 있다

물을 건너온 바람

건너온 수위만큼 깊어 보이는 몸
물비린내가 지독하다

오래전 접어둔 수건을 펼쳐
더 이상 흐르지 않는 시간과 물살을 닦아준다

햇빛에 들썩이는 속삭임은 뒤로 감추고
물보라 치는 기억은 입김 불어 지우고

내가 지닌 바람이란
모래나 날리며 윙윙 울어대는 게 고작이지만
뒤늦게 다가온 이 바람은
머나먼 물길 속 울음을 건디며 왔단다

이제 나의 몫은
그의 물기를 빨아들여 마른 장작의 몸으로 되돌리는 일
다시 화르르 타오르게 하는 일

첨벙첨벙
물을 건너 그가 내게 왔으므로

이분법에 대한 고찰

1에만 빠지지 마시오
2에만 빠지지 마시오

1과 2 모두에 빠지되
1에만 빠지시오
2에만 빠지시오

1에서 벗어남은 2를 벗어남이오
2를 벗어남은 1를 벗어남이니
1과 2 모두 벗어나지 마시오

기우뚱하지 마시오
흔들리지 마시오
바탕이 하나인 1과 2를
가벼운 혹은 무거운 평형으로 유지하시오

1을 놓치는 것은 2를 놓치는 것
2를 놓치는 것은 1을 놓치는 것

1과 2를 어깨에 나란히 얹고
두루두루 즐거워하시오

어쩔 도리 없는 이 방식에 대해
고찰하시오 거듭 고찰하시오

부재

    너는 늘 거기에 있었으므로 그립지가 않았다 네가 준 선물과 사진을 들여다봐도 소용이 없었다 숲을 거닐면 당연히 나무 이름이 떠오르는 것처럼 너는 그랬다

    그리운 건 따로 있었다
    수천 번 접었다 펼쳐도 드러나지 않는,
    불멸의 아가리가 꼭꼭 감춘,

    비어 있는 마음에서 보이지 않게 피는 꽃처럼
    부재는 존재였다

제2부

바늘의 시

  평생 엮으며 살았다. 도무지 이해할 수 없는 사이와 사이를, 끊을 수 없는 관계와 관계를 비굴한 웃음과 비루한 눈물로 이어가는 한 편의 이야기처럼. 검은 가루가 묻은 입술을 콕콕 찌르면서 그 정도는 아무것도 아니라며 뾰족한 끝을 세워 다시 엮곤 했다. 관통하며 살았다. 누군가의 뚫린 가슴을 향해 꾸역꾸역 온몸을 던졌다. 직설과 직립으로 한 땀 한 땀 틈을 메꿨다. 손을 흔들거나 등 돌리지 않았다. 뒷걸음치지도 않았다. 닳고 헤진 생을 그렇게 앞만 보며 채워나갔다. 그리하여, 아무 데나 버릴 수 없는 깐깐함이 남았다.

바깥을 듣는 저녁

버스와 지하철을 타고
서울의 어느 거리에 도착했다던가

가본 적 없는 그 술집에서
몇몇 이름들과 술을 마시기로 했다는
너의 들뜬 약속

바람이 차다며 기침을 해대는
수화기 너머의 네 고달픈 하루는
오래전 보았던 불빛처럼 곧 따스해지겠지

웃음과 비애를 술잔에 발라가며
뱉을 수 없는 말의 경계에서 울컥울컥
너는 그렇게 서러운 듯 취해가겠지
그러다 가슴이 설렁거릴 때면
또 다른 술집을 찾아 일어서겠지

휘청대는 너의 바깥을 듣는 저녁

어둠은 어느새 두 귀를 열어
늦도록 귀가하지 못하는 이의 외로운 바깥에
하나 둘 불을 밝히네

라디오

 유리 같은 적요가, 흔들림 없는 어둠이, 궁금한 이의 안부가, 마른장마가, 꺼진 촛불이, 버림받은 마음이, 두려움에 떠는 절벽이, 신(神)의 고독이

 몸을 켜는 순간,

 고개를 들고 싱싱하게 자라기 시작했다 서로 웃고 떠들며 느끼기 시작했다 황홀을 뒤집어쓰며 울기 시작했다 발자국을 남기지 않고 걷던 순간이 커다란 방점으로 귀를 틀어막았다

 그러나,
 그러나 듣고자 하는 그 목소리는
 아무리 채널을 돌려도 들리지 않았다

지렁이

그녀는
아무도 가지 않은 길을
맨몸으로 간다

지렁지렁 지르르르

길 트는 소리에
흔들리는 풀들

알람

네가 울리기 전까지 나는
깨어나지 않겠다

어떻게 해야
무덤가 할미꽃을 피워낼 수 있는지

머리 위로 떠다니는 구름의 무게를 재고
바람의 속성에 대해 생각해보겠다

태곳적 잠에 휩쓸려
조각 난 꿈들을 끄집어내겠다

네가 울리기 전까지 나는
첫울음으로 세상을 만나던 내게 돌아가
푹푹 빠져드는 걸음걸이가 되어보겠다

순결한 발자국 앞에서
신발 밑창을 가만히 들여다보겠다

언제쯤이면 다시 나를 되살릴지
두근거리는 가슴으로 창을 더듬겠다

그 무엇도 깨울 수 없는 것에 빠져버린 나는,

관계의 모형

옆걸음질 치던 게가 소라 속으로

                         주춤주춤 들어간다

    잠시 후,

           밖으로 나와 머뭇거리더니

다시 슬그머니 기어 들어가

    한 마리 소라게를

              드디어 완성한다

즐거운 객관

고백컨대
나는 나에 의해 사는 게 아니네

나를 살게 하는 건
그들의 심장, 그들의 눈빛, 그들의 언어

살아야겠다고 느낄 때마다 나는
그들의 발자국이 활보하는 거리로 나서고
그들의 목소리를 흉내 내기 위해 목청을 돋우며
그들의 곧은 척추처럼 나를 일으켜 세우네

눈부신 그들의 문장에 어색한 나의 문장을 구겨 넣으며
붉은 밑줄을 있는 힘껏 그어본다네

아, 그들!
싱싱하게 살아가고 있는 나를 엿보네

희석의 원리

웃음과 울음을 뒤섞으며
발목 잘린 사이를 오간다

행여나 서쪽의 당신이 흐려져도 안 되지만
동쪽의 당신에게 치우쳐 너무 진해지지 않도록

차마 터뜨릴 수 없는 울음의 무늬를 보았는가
구름 속의 구름 바람 속의 바람처럼
깊어져 갈 뿐 대책 없이 흐르는,

이미 파고든 저편의 걸음을 조금 떼어
이제 물들기 시작한 이편의 길을 조금씩 터갈 때 나는
미안하다 미안하다, 라고 썼다

이편의 불타는 가슴을 문질러
저편의 쓸쓸과 황폐를 지워버릴 때는
다행, 이라고 중얼거렸다

그리고 나는,
늦게 핀 당신이라는 꽃에게 함부로 부를 수 없는 이름을 지어주면서
가난한 마음이나마 한쪽으로 기울지 않게
늘 휘휘 잘 젓겠노라 약속했다

물의 귀
― 연(蓮)

오래도록 잠겨 있던 귀가 떠올라
푸르게 푸르게 펼쳐지는 여름 한낮

아아
아직은 아무것도
들은 바 없다

그저 환히 벙그러질 뿐

시래기

목매달고 산다

바람이 뒤척이고
햇빛이 조문을 다녀가도 절대
인기척 없다

죽으려는 듯
죽은 듯
그렇게 산다

구름처럼 내 연애는 또 그렇게 흘러가고

나 얼마 전
기나긴 연애가 끝나

눈과 목소리
손과 입술을 잃어 훗훗한데

좀 변해주라
예전의 바람아 나무야
그리고 하늘아

내 안에 있는 모든 것들아
사라져 간 것들아

늦가을

멀쩡한 이가 빠지는 꿈을 꾸었다

검색해 보았더니
부고 소식을 듣게 될 거라는 해몽이었다

창밖 은행잎들이
우수수 지고 있었다

내 절망의 언어는

내 절망의 언어는
희망이다

내 절망의 언어는
찬란과 황홀로 옷을 짜 입으며
환희로 철없이 뒹굴며
조여드는 심정의 한가운데에 빨갛게 그려 넣은 입술이다

내 절망의 언어는
그늘을 불러내는 햇빛이며
철없이 바닥에 누운 비둘기의 먹이이며
숨어서도 우렁차게 부르는 노래이다

지금 마악 활시위를 떠나
날아가는 화살이다

내 절망의 언어는
눈물을 흘리며 포복절도하는 웃음이다

벗을 수 없는 가면이다
해와 달이 번갈아 발을 담그는
웅덩이 속의 물이다

사랑이 말했다

이젠 길을 접고
휘파람은 신발 뒤축에 감추며
집으로 돌아가자고

낯선 이슬은 털고 상처는 감싸며
젖은 옷가지가 햇빛 아래 마르고 있는
집으로 돌아가자고

사랑은 무모했으나 아름다웠으니
사랑은 외로웠으나 뜨거웠으니
사랑은 각혈했으나 가벼워졌으니

돌아갈 주소가 희미해지기 전
추억의 관절이 시려오기 전

해 지는 들녘을 걸어
쑥대밭 흰나비 날아오르는
집으로 가자고

오늘,

사랑이 내게 말했다

거울

네게서 나를 본다

눈 씻고 둘러보아도 보이지 않던 나를
차가운 네 심장에서 꺼낸다

환한 네 미소에서 슬픈 내 눈을 뽑고
열린 네 가슴에서 꽉 닫힌 나를 본다

푸릇푸릇 살아 있는 네게서
오래전 죽은 채 방치된
나를 건진다

제3부

플라이낚시

방수복을 입은 그가
물속으로 들어간다

머얼리
낚싯줄을 던진다

입질하다 걸려 올라와 흑흑 대는 강을

다시 놓아준다

고요의 비명

어둠 속에서
불빛으로 환히 울어대는 전화기처럼

눈 밖의 것들은 몸부림으로도
말을 저리 잘 하더라
소리가 사라진 곳에서 조용히 아주 조용히

눈 안에 들어와 종일 시끄러운 것들

청진기여
미쳐 날뛰는 이것들을 진단해줄 수는 없는지

고요 한가운데서 솟구치는 이 비명을
시간이 저무는 너머에 묻어줄 수는 없는지

포착

어느 여름날,

수천수만 킬로미터를 달려온 자동차가 뜨겁게 달궈진 제 생을 어쩌지 못해 속도를 꺾고 전복(顚覆)하면서 낭떠러지로 추락한다. 끌어올리기 힘든 곳에서조차 활활 타오르는 제 욕망을 미처 눈치채지 못했나 보다.

두근두근 냉가슴을 앓던 먼 산 나뭇잎들이
앞다퉈 붉어지기 시작한다.

꽃 속에서 우리는

꽃 속에서 우리는 사랑을 했지요
붉게 아주 붉게 향기로워졌지요

간간이 바람이 다녀가곤 했지만
꽃 속의 우리는 점점
숨어들었지요

우리를 찾아낸 건 나비였지요
꽃술에 우리를 묻혀
가볍게, 마구, 소문을 냈지요

모르는 척 우리는
꽃 속 깊이 파고들었고

주위는 어느새 꽃밭을 이뤘지요
그리 쉽게 번식될 줄은
꿈에도 몰랐지요

원심력, 그 우울한 법칙

사랑이라는 빛나는 중심
그러나 때로는 그 사랑에게서 멀어지고픈 순간이 있다
알 수 없는 자장(磁場)에 의해

연록의 잎사귀를 잎사귀인 줄 모르고 눈 돌렸다는 말은
궁색한 익살

중심을 맴돈다는 것이 다른 방향으로 향하고 있을 때
나는 무척 아팠다
더더욱 외로웠다
눈앞의 너를 두고 너 없는 밖을 눈부셔하다니

사랑은 몹쓸 아이러니

멀리 튕겨나가지 않고
조금만 아주 조금만 기울어지도록
끝끝내 손을 놓지 않으니

중독

몇 날 며칠 저수지를 기웃거리던 해가
물 한 모금 찰랑 들이마시고
그 맛에 그윽이 목을 매더니
수중에 처억 볕을 대더니

삼켜버렸다, 저수지를 몽땅

바닥마저 쩍쩍 갈라놓았다

통속하지만 목련

또 피고 진다
또 지고 핀다

같은 이름 같은 모습으로
가지마다 헤벌쭉
또다시 벙그러진다

통속하지만
눈물처럼 맑다

어느 낯선 아침에 대한 소묘

찬란하게 뒹구는 저것을
누가 아침이라 하는가
해 한 덩이 밀어내고 풀잎에 이슬 얹히는
그저 그런 날의 무늬만으로
누가 어제와 같은 혹은 내일도 만나게 될
아침이라 하는가

진정,
아침을 아침으로 여겨본 적이 있는가
밤새 입속에 내린 구린내를 헹구고
맨살 맨 정신으로 맞이해본 적이 있는가

오늘의 저 아침은
밤의 달콤한 잠에서 깨어나 기지개나 켜는
예전의 그런 아침이 아니다

머나먼 뒤안길로부터 타오르던 어둠이
돌 위를 아슬아슬하게 구르고 풀잎을 아프게 스쳐 지나다가

한순간 검붉은 피를 공중에 토해내는 것처럼,
아침 빛살로 뻗치는 것처럼,

오늘 나는
저 아침이 낯설다

개

기울어가는 오후를

야위어가는 빛을

무정한 시간의 사타구니를

침 흘리며 긴 혀로 조심스레 핥는,

따뜻한 사전

그대의 손을 잡거나 팔짱을 끼는 것처럼
친구와 다정히 어깨동무하고 걷는 것처럼

낯선 이에게 말을 건네는 것처럼
사랑하는 이의 아이를 낳는 것처럼

허공의 나비를 고운 눈길로 이끄는 것처럼
큰 키의 나무를 선선히 올려다보는 것처럼

하늘에 떠 있는 것들이 노래 부르는 것처럼
오지에 옹기종기 모여 사는 사람들처럼

불을 지피듯 반짝거리는
낱말, 낱말들의 따뜻한 집

나가 놀아라

어릴 적 어머니는
늘 말씀하셨지

나가 놀아라
뛰어놀기에 집안은 좁으니
나가서 실컷 놀다 오너라

하긴, 숨바꼭질하기에 집은 너무 작아
금방 들켜버리지만
밖은 뛰어놀 마당과 숨기 좋은 골목들이
곳곳에 있었지

굽이굽이 돌아 이제야 귓속에
쏙 들어오는 말

나가 놀아라
슬며시 헛바람 들기 시작하는 요즈음,

로드 킬

갑자기 뛰어들었다
죽음을 불사하고 그렇게

길의 외곽에서 길의 한가운데로

너는 죽고
나는 크게 다쳤다

길은 그대로였다

통행금지구역

보이는 것들은 죄다 상처의 발자국

초록이 우거졌다거나 꽃이 피었다 할지라도
쫑긋대는 마음으로 기웃거리지 마라

만나서는 안 될 사람
만져서는 안 될 독 오른 나무처럼
멀찌감치 서서 바라만 보아라

적요로 부푼 한낮의 허공이
뙤약볕을 수혈 받고 있다

열등감

빨갛고 노랗게 나도 물들 수 있는데
화들짝 환히 꽃피울 수 있는데
흐드러질 수도 있는데

지는 꽃 앞에서
담배 피우는 사내여

나도 그렇게 저물고 있는데
말없이 서서히 지고 있는데

다이아

세상의 캄캄함을 최초로 목격한 자가
적막의 세계에서 어둠을 세공했더니,

빛이 났다
아름다웠다
순결했다

목격

조기 뱃속 또 하나의 생
먹혔지만 온전하다

보아라
마지막의 찬란!

나비

안팎을 드나들며 춤추는 날개

부드럽게 천천히
뒤집히는 허공

잠글 수 없나
눈앞의 저 몽롱

제4부

거짓말

대륙을 횡단하는 무지막지한 열차처럼

붉은 허공을 너울너울 건너는 청둥오리 떼처럼

이 세상에서 저 세상으로의 기막힌 황홀

아귀가 맞지 않아
까짓 꼬리쯤 잘린다 해도

쉼 없이 역습해오는
눈먼 사랑이라면

맨홀

모든 어둠은 어디로 향하는가

나는
젖지 않는 어둠에 누워

검은 나비, 검은 나비, 나비, 나비를 기다리는
반 토막의 잠

가볍게 무너지는
그늘 혹은 그림자

퀭한 어둠아

여기,
별 총총 떠 있는
시내가 있다
까만 씨앗 오물대는
입이 있다

뿌리를 적시며 길을 묻는
지도가 있다

병원

잃어버린 자들의 집

그곳엘 찾아가 의사에게 말했다

어느 구석인지
왜 그런지 모르겠으나

잃어버린 듯한 통증을
도저히 견딜 수 없다고

의사는
잃어버린 소리에 귀 기울였고

양팔과 다리를 올려보라 했으나
그래도 모르겠는지
피를 뽑자 했다

청진기가 쿵쿵 시간의 물살을 건너는 동안

양팔과 다리가 바람을 뒤집는 동안
세상 밖으로 피를 불러내는 동안

나는 보았다
유리창에 착 달라붙은 나의 모습을

내게 미안하다

인기 있는 시인의 시를
천천히 베껴쓴다

TV에서
젊고 예쁜 연예인을 본 후
미장원으로 달려가
그녀를 주문한다

그녀가 입었던 분홍 니트와
하얀 스키니 바지를
사입는다

로맨스 그레이

은백의 남자가
여유로워 보인다

읽던 시집을 덮고

스키니 바지를 벗는다

풀밭을 뛰어다니는
여자아이를 본다

종종걸음으로 나도
뛴다

그리운 귀신

더러 아니 자주, 몸뚱이가 귀찮다. 거추장스럽다. 몸보다 앞서 달리는 생각 때문이리라. 이래봬도 좀 살았다고 눈치와 셈은 빨라져 어두운 말이나 침묵이 곁을 스치면 생각은 훨훨 나 아닌 자의 것처럼 날아간다.

몸을 슬쩍 감출 수 있다면
그림자 무성한 나무 아래 묶을 수 있다면

들리지 않는 웃음 들키지 않는 마음으로
징글징글 귀신처럼 또 다른 몸 드나들며

나는 나를 나라고 믿지 않는다

세상 모든 것들과 혼숙해온 나는,

산과 강
새와 물고기뿐 아니라
수많은 사생아를 낳았다

나는 더 이상 내가 아니다

탈의실에서

아무도 모르게
두꺼운 몸을 벗는다
위선과 가식을 소리 없이 슬그머니

아무도 모르게
얇은 몸을 입는다
위선과 가식을 차마 버리지 못해 슬그머니

물결의 시원(始原)

물결은
누군가의 힘겹고 처절한 몸부림

물에 갇혀 우는 자의
흐느낌

어느 귀에도 닿지 못할
울부짖음

나를 돌려주세요

잠시
걸음을 멈춰주시겠습니까

가슴을
헤쳐 봐도 되겠습니까

심장 소리를
들어봐도 되겠습니까

에구머니!
불온한 나를,
저속한 나를,
통째로 삼키셨군요.

이젠 나를 돌려주시면
안 되겠습니까?

당신을 걸어 나가도

괜찮겠습니까?

당신 안에 고스란히 들어앉은 나라니

가설(假說)로 사는 새

땅에 부리를 서너 번 찍던 새가
화르르 날아올라 허공의 가지에 앉더니
다시 휘휘 마른 화단에 들어 종종거리더니

낮은 곳을 박차고 높이 더 높이,
꽃밭 그보다 꽃 속,
쓸쓸한 누군가의 심중을 와락 품거나
그림책에 슬며시 들러붙거나
무너져 내린 길의 끝자락에서 통통
실개천 차가운 곁에서 폴짝폴짝

어디든 무엇에게든 한 치 망설임 없이
이랬다가 저랬다가 왔다갔다*
가볍게, 잠시

그 새 한 마리 어느 날 내 안에 들어
온몸으로 지절대더니
알까지 낳더니

나 완전 새 됐어*

---

* '나 완전 새 됐어'라는 가수 싸이의 노래에서 인용.

빗방울

오늘은
내리는 비보다 바닥으로 떨어지는
비를 생각합니다

부서져 흐르는 비의 방울들

저런 어처구니를
나는 이제까지 본 일이 없습니다

뱀

깊이깊이 똬리를 틀고 있는
몸 안의 마음

한 소절의 노래처럼 꿈틀대는
마음 안의 몸

파란 줄무늬 셔츠를 입은 남자에게

잠깐,

파란 줄무늬 사이사이
파란 물이 든 女子가 깃들어 있는 걸
아니 모르니

이젠 끝이야 모든 걸 잊겠어, 라고 말하던 그 여자가
너라는 집을 끝내 비우지 못한 채

파란 줄무늬 사이사이를
줄넘기하듯 넘나들고 있다는 걸
모르니 아니

신호등을 무시하고 건널목을 건너는 것처럼
그러다 파란 줄무늬 사이에 끼어
죽을지도 모르는데

오래된 너의 여자가

바랜 줄무늬를 들어 올렸다 내렸다 하면서
네 셔츠 한 벌이 풀밭인 양
아직도 가볍게 뛰어다니고 있다는 걸
아니 모르니

휴가

떠돌던 밖을 잠그고 캄캄한 내게 돌아앉아
밤기차나 배 혹은 비행기를 타고
세상의 모든 길 위에 자국을 내보는 것

한낮의 끈질긴 어둠을 불러들여
주거니 받거니 술을 마시면서
깔깔거려 보고 징징거려 보다가

시간은 사라졌어
어제가 오늘이고 내일도 오늘이야
그런 넋두리를 불협화음으로 띄워보다가

가만, 사랑은 어디에 숨겼더라?
느닷없이 젖가슴 확 풀어 헤쳐
가물가물한 남자를 끌어안다가 놓아주고
쓰다듬다가 팽개치면서
걸쭉하게 한판 놀아보는 일

딱딱한 나를
시간에 통통 불려보는,

나의 저녁을 모두 탕진해버리겠어

저녁이라는 것

서서히 멀어져 가는 기차이다가
순간을 물고 달아나는 썰물이다가
그런 기미조차 감추는 잔인한 고요

기우는 것들은 왜 저마다
저녁의 아가리에 물리고 마는지

요즘 들어 저녁에게서
전화가 자주 오곤 해

읽을 책은 밀려 있고
듣고픈 음악은 스스로 볼륨을 높이는데

이 저녁부턴 밥을 먹지 않겠어
하나둘 켜지는 눈빛은 바라보지 않겠어
마치 이 세상에 저녁이 없던 것처럼

어두운 초조 따위는 아예 잊겠어

내가 먼저 나의 저녁을 모두
탕진해버리겠어

푸르른 절정

저 푸른 잎사귀들
바람 때문만은 아니지

아, 저러다가는
나무 한 그루 통째 뿌리 뽑히고 말 텐데

해설

'간극-사이', 진정한 관계 맺기의 어려움

백인덕(시인)

1.

정말 그랬다. 시인은 "싼 값에 산 덜 익은 토마토"는 '햇빛이나 바람'이 아닌 "예전의 붉은 기억에 충실했다." 그래서 "어느 날은 온통 붉어졌다"(「붉은 기억으로 익어가는 토마토」)고 진술한다. 정말 그럴까. 파랬던 토마토가 상온에서 며칠 지나면 붉게 변한다는 것은 사실(fact)이지만, 앞의 시적 진술은 현실의 법칙과 궤(軌)를 달리한다. 시는 토마토의 본성이 '붉음'에 있고, 이것은 그의 기억에 각인되어 있으며, 이 기억을 되살리기만 한다면 언제든지 제 본성을 발현할 수 있다고 주장한다. 여기서 분명해지는 것은 사물들이 세계에 현현(顯現)하는 방식으로서의 사실이 아니라, 시인이 그 사물들을 세계에 개입(介入)시키는 의지와 의도의 이해가 더 중요하다는 점이다. 즉, '사실의 재현'이 아니라 '의도의 이해'가 이향란 시인의 이번 시집, 『너라는 간극』을 읽는 올바른 독법이 될 것이라는 점을 강하게 암시한다.

주지의 사실이지만, 시에서 3인칭(그, 당신)은 '제3자'나 '또 다른 인격(personality)'을 의미하지 않는다. 극히 서정적인 발화의 경우 그것은 자아의 정서가 투사(投射)된 대리 화자(話者)의 역할을 한다. 이는 감정이 격화(激化)하면서 지나치게 주관적으로 변질되는 것을 막기 위한 시적 전략의 하나다. 반면에 '주체-타자'의 관계에 주목하는 현대적 경향의 작품에서는 대개의 경우 3인칭은 '거울이미지'에서 잘 드러나는 것처럼 '나(주체)'의 '정체성'을 형성하고, 확인하기 위한 필수적인 요소로서 이른바 '결여(缺如)된 자아'라는 의미를 갖는다. 주체는 오직 타자와의 관계 속에서만 인식된다. 사물은 객체로써 세계에 대한 자아의 발화를 풍요롭게 돕고, 타자는 관계 맺기 방식을 통해 주체의 위상과 특질을 결정한다.

네게서 나를 본다

눈 씻고 둘러보아도 보이지 않던 나를
차가운 네 심장에서 꺼낸다

> 환한 네 미소에서 슬픈 내 눈을 뽑고
> 열린 네 가슴에서 꽉 닫힌 나를 본다
>
> 푸릇푸릇 살아 있는 네게서
> 오래전 죽은 채 방치된
> 나를 건진다
>
> —「거울」 전문

 주목해야 할 차이가 하나 있다. 투과(透過)하는 유리와 달리 거울은 반사(反射)하기 위해서 뒷면이 칠해져 있어야 한다. 즉, 거울 뒷면의 세계는 늘 미지의 어둠 속에 잠겨 있어야 한다는 것이다. 앞의 작품은 이번 시집에서 '나-너'의 관계를 명징(明澄)하게 드러낸 대표작이라 할 수 있는데, 거울상('네게서')에서 자아상('나를')을 확인('본다')하는 시인의 태도가 잘 드러나 있다. 일반적인 거울상은 단지 좌우 방향만 역전(逆轉)되는 것이 현실의 법칙이지만, 시인의 눈에 비친 거울에서는 "푸릇푸릇 살아 있는 네게서/오래전 죽은 채 방치된/나"를 건져 올릴 수 있다. '푸릇푸릇 살아 (있음)/죽은 채 방치(됨)'의 대비만 놓고 본다면, 거울 속에서 포착하는 '나'는 부정적 이미지일 뿐이다. 그런데, '오래전'이라는 시어가 암시하듯 왜 과거의 '나'를 오늘에 되살리려는 것일까. 우리는 기억이 '현재적 필요(소망)'에 의해서 '회상(recall)'의 형식을 취할 때만 오늘의 나에게 유의미하다는 것을 이미 알고 있다. 따라서 "오래전 죽은 채 방치된/나를 건진다"는 표현은 '오늘 살아서 관리되고 있는 나'가 지극히 불편하다는 외침의 반어로 읽을 수 있다. 시인은 「즐거운 객관」에서 "고백컨대/나는 나에 의해 사는 게 아니네//나를 살게 하는 건/그들의 심장, 그들의 눈빛, 그들의 언어"라고 단정적으로 토로한다. 나아가 「응시에 대한 오류」에서는 "마음의 동공에 맺힌 이것을/거둘 수 있다면"이라고 탄식한다. 결국 시인의 눈은 문자 그대로의 눈앞의 거울을 보고 있는 것이 아니라 마음에 맺힌 허상을 보고, 그 너머로 되돌아가고자 그의 '기억'을 사용하는 것이다.

현재의 내 존재가 불편하게 인식되고 있다면 그 이유는 크게 두 가지 방향에서 정리해볼 수 있다. ('인식한다'는 것은 분명한 자각을 우선 요구하는 정신활동이므로 막연한 존재의 상태로는 환원될 수 없다.) 하나는 '의도'(정신분석적 의미에서 욕망을 제외한)된 '자아상'이 애초에 잘못 설정된 것일 수 있고, 다른 하나는 접근 방식의 실패, 즉 관계 맺기의 불완전성을 고려해볼 수 있다. 어느 쪽이든 이는 자아성찰의 결과라는 점이 유의미할 뿐, 현상의 성공과 실패는 아무 의미도 가치도 없다. 비록 이향란 시인은 "목매달고 산다//바람이 뒤척이고/햇빛이 조문을 다녀가도 절대/인기척 없다//죽으려는 듯/죽은 듯/그렇게 산다"(「시래기」)고 했지만, 이 고백이야말로 시인이 성취하고자 하는 '의도된 목표', '현존재'를 향한 절실하고 치열한 표현이라 할 수 있다.

2.

 이향란 시인은 시작(詩作) 초기부터 '존재 정립'이라는 뚜렷한 목표의식을 가지고 자신의 시세계를 경영해 왔다고 알려져 있다. 이번 시집을 그 과정에서 형성된 새로운 '결절(link)'로 이해할 수 있다면, 시인이 불가피하게 직면한 곤란들을 분석, 이해하는 과정을 '간극'과 '사이'에 대한 재인(再認)이라 할 수 있다. 즉, 시인이 지금까지 취해왔던 '관계 맺기' 방식에 대한 반성적 고찰이 이번 시집, 『너라는 간극』의 핵심 테제라는 것이다. 시인이 이제껏 취해왔던 방법론적 측면에서의 시적 태도는 다음의 작품에서 명시적으로 드러난다.

> 평생 엮으며 살았다. 도무지 이해할 수 없는 사이와 사이를, 끊을 수 없는 관계와 관계를 비굴한 웃음과 비루한 눈물로 이어가는 한편의 이야기처럼. 검은 가루가 묻은 입술을 콕콕 찌르면서 그 정도는 아무것도 아니라며 뾰족한 끝을 세워 다시 엮곤 했다. 관통하며 살았다. 누군가의 뚫린 가슴을 향해 꾸역꾸역 온몸을 던졌다. 직설과 직립으로 한 땀 한 땀 틈을 메꿨다. 손을 흔들거나 등 돌리

지 않았다. 뒷걸음치지도 않았다. 닳고 헤진 생을 그렇게
앞만 보며 채워나갔다. 그리하여, 아무 데나 버릴 수 없는
깐깐함이 남았다.
               ―「바늘의 시」 전문

  주목할 만한 시어들이 등장한다. '사이', '관계', '관통', '틈' 등의 어휘들이 매우 무거운 의미를 던지고 있다. 이 작품에서 주목하게 되는 것은 '바늘의 시'가 결과이면서 동시에 이번 시집을 새로운 분기점으로 만드는 동기라는 점이다. 시인은 "평생 엮으며 살았다"라는 직설적인 진술을 통해, 자신의 일관성을 강조하고 있다. 하지만 이때의 '사이'와 '관계'는 아무것도 아닌 것으로 곧 치부되며, 실제 남은 것은 '관통'과 '직설과 직립'으로 한 땀 한 땀 메워버린 '틈'이다. "닳고 헤진 생을 그렇게 앞만 보며 채워나갔"는데 그 결과는 "아무 데나 버릴 수 없는 깐깐함"이 남았다고 한다. 이해할 수 없는 사이를 메워야 할 틈으로 인식하고, 끊을 수 없는 관계를 관통해버려야 할 표면으로 이해하는 이 시적 태도는 시적 자존감을 획득하는 방법으로 기획된 것으로 보인다. 하지만, 그 실상은 "눈부신 그들의 문장에 어색한 나의 문장을 구겨 넣으며"(「즐거운 객관」) 말 그대로 객관적 자세라 주장하는 '깐깐함'의 미망(迷妄)일 뿐이다. 무엇보다 하나가 빠져 있는데, 시적 자존이란 주장이 아니라 공감을 통해 형성되는 주

체의 특성이라는 것에 대한 인식이다. 시인의 표현을 그대로 비유하자면, "내가 지닌 바람이란/모래나 날리며 윙윙 울어대는 게 고작이지만/뒤늦게 다가온 이 바람은/머나먼 물길 속 울음을 건디며 왔"(「물을 건너온 바람」)다는 차이에 대한 인정이 우선해야 한다. 이 인정이 '사이-관계'에 대한 인식의 새로운 차원을 넘어가는 문지방이 된다.

 이처럼 의미를 낳는 새로운 차원으로서 차이를 형성하기 위해 '사이-관계'에 대한 인식은 필요불가결한 것이지만, 그 전 단계로써 방법적 실패에 대한 분석이 선행되어야 한다. 이향란 시인은 이를 '간극'이라는 상징으로 함축하고 있다.

> 두 눈 두 귀가 있듯이
> 두 입 두 가슴도 차라리 있었다 하자
> 본디 그러했는데 닳거나 진화된 거라고 치부해 버리자
> 그리하여 세상에서 가장 무겁고 깊은 것에게는
> 입과 가슴 하나씩 더 달아주어 통증을 덜어주자
> 어느 곳으로 새어나가든
> 어느 방향으로 기울어지든
> 그것은 오로지 두 입과 두 가슴의 평형을 위한 것
> 더 이상 잴 수 없는 생의 질량을 끌어안기 위한 것
> 안으로 파고드는 마음과
> 밖으로 나가려는 마음의 충돌을 어루만져

당연히 그러하다는 듯 충분히 이해된다는 듯
　　양팔이어서 어느 것 하나 버릴 수 없음이 오히려 다행
이라는 듯
　　이쪽에서 저쪽으로 저쪽에서 이쪽으로
　　그러나 섞일 수 없음이 비극이라는 듯 희극이라는 듯
　　　　　　　　　　　　　　　―「양팔 저울의 비애」 전문

　시인은 '두 눈과 두 귀/한 입과 한 가슴'의 대비를 해결하는 방식으로 '진화'를 가정하면서, "세상에서 가장 무겁고 깊은 것에게는/입과 가슴 하나씩 더 달아주어 통증을 덜어주자"고 주장한다. '양팔 저울'이 암시하듯이 이 '평형' 상태는 간극이 고착화된 상황을 의미하며, 나아가 "이쪽에서 저쪽으로 저쪽에서 이쪽으로"으로 시계추처럼 왕복만 할 뿐, 위치를 설정하지 못하는 자아의 비극을 보여준다. 비약하자면, 이 양시적(兩是的) 태도는 문제의 해결보다는 고착을 강화하는 역효과가 있다. 더욱이 그것이 "안으로 파고드는 마음과/밖으로 나가려는 마음의 충돌"이라면, 존재의 정립이 아니라 와해를 초래하게 될 것이다.
　하지만, 시인은 여기서 멈춰 서지 않는다. 그가 지향한 것은 비극적 자기 인식의 과시가 아니기 때문이다. 오히려 "내 절망의 언어는/희망이다"라고 선언하며, "지금 마악 활시위를 떠나/날아가는 화살"(「내 절망의 언어는」)임을 밝힌다. 간극을 가로지르는 방법의 하나는 그 상황을 통째로 거기에 남겨두는 것이다. 물고기를 잡았으면 통발을 버리듯이.

3.

거듭 반복하는 실패는 숙성의 시간을 거쳐 완전하게 다른 형질로 전환한다. 그것을 트라우마(trauma)로 감춰둘 것이냐, 동기(motif)의 촉매로 전환할 것이냐는 순전히 주체의 선택에 달려 있다. '나-당신'의 관계 맺기는 이번 시집에서 가장 빈번하게 등장하지만 그 양상은 대부분 '외면'이나 '배척' 같은 부정적 측면이 드러날 뿐, 진정한 포섭에는 이르지 못하고 있다.

> 오늘의 나는 그림자처럼 늘어진 나를 접고 당신이 즐기던 새빨간 짬뽕과 소주를 시켜먹으며 당신의 자세로 앉아 책을 읽고 시를 쓴다 당신의 뭉툭한 손끝으로 나를 더듬고 만진다 당신처럼 서서 변기에 오줌을 누고 조용히 콧노래도 부른다 이렇게 반나절만 살아도 당신의 발자국은 저벅저벅 문밖까지 다가와 초인종을 눌러댄다
> ―「당신으로 살다」 부분

이 관계 맺기가 자주 실패로 귀결되는 이유는 당신이 나보

다 언제나 상위의 개념으로 작동하기 때문이다. 그 앞에서 나는 '그림자처럼 늘어진' 존재로 남는데, 그림자가 암시하듯 정체불명의 상태가 되는 것이다. 따라서 이 역할놀이, "소주를 시켜먹으며 당신의 자세로 앉아 책을 읽고 시를" 쓰는 행위는 이미 실패가 예정된 것이다. '반나절'도 채 되지 않아 "당신의 발자국은 저벅저벅 문밖까지 다가와 초인종을 눌러댄다". 그래서 시인은 "나로 서 있기가 매우 힘들다"고 토로한다. 하지만 시집이 후반부로 진행되면서 새로운 인식의 단초가 드러나기 시작한다. 시인은 "너는 늘 수많은 걸음으로 내게 다녀가지만 단 한 번도 다녀가지 않은 사람처럼 문밖에 여전히 그렇게 서 있다"(「간극에 대하여」)는 사실을 깨닫는다. 결국 '너-당신'은 부재의 이름일 뿐이었던 것이다. 시인은 거의 마지막처럼 "당신 안에 고스란히 들어앉은 나라니"(「나를 돌려주세요」)라며 탄식한다. 이 탄식은 '부재-존재'의 연관에 대한 새로운 인식의 개시(開示)를 함축한다. (이 '부재-존재'의 연관에 의해서도 이번 시집을 읽어낼 수 있지만, 이 글의 논지와는 개념 층위가 다르므로 논외로 한다.)

이향란 시인은 이 포섭에 이르지 못한 관계 맺기를 '접안'이라는 탁월한 이미지를 통해 정리한다. "다가간다는 것은 온몸으로 기댄다는 것은/서글픈 운율로 나를 켜는 일/나를 되려 가두는 일/내게서 다시 내게로 건너가는 일/그리하여 끝까지 남은 나를, 비늘 덮인 나를/바다로 되돌리는 일이었다"(「접안」)고. '접안'이란 이질적인 두 사물이 일시적으로 서로 맞대어 있는 상태를 의미하는데, 이를 "나를 되려 가두는 일"이라고 깨닫는다. '너–당신'은 부재할 뿐이므로 결국 그 지향은 오히려 '나'에 대한 집착으로 환원될 뿐이다. 이 작품에서 특히 중요한 부분은 "나를/바다로 되돌리는 일이었다"는 명제에서 그것이 과거형 시제라는 점이다. 실패한 관계 맺기가 더 이상은 현재진행형이 아님을 암시적으로 강조하고 있기 때문이다.

 이제 시인은 실패했던 '관계 맺기'의 방식들, 가령 '관통하기, 틈 메우기, 간극 유지하기'와 같은 기존의 방법들을 버리고 새로운 원리를 세우고자 기도(企圖)한다.

> 웃음과 울음을 뒤섞으며
> 발목 잘린 사이를 오간다
>
> 행여나 서쪽의 당신이 흐려져도 안 되지만
> 동쪽의 당신에게 치우쳐 너무 진해지지 않도록
>
> 차마 터뜨릴 수 없는 울음의 무늬를 보았는가
> 구름 속의 구름 바람 속의 바람처럼
> 깊어져 갈 뿐 대책 없이 흐르는,

이미 파고든 저편의 걸음을 조금 떼어
이제 물들기 시작한 이편의 길을 조금씩 터갈 때 나는
미안하다 미안하다, 라고 썼다

이편의 불타는 가슴을 문질러
저편의 쓸쓸과 황폐를 지워버릴 때는
다행, 이라고 중얼거렸다

그리고 나는,
늦게 핀 당신이라는 꽃에게 함부로 부를 수 없는 이름을 지어주면서
가난한 마음이나마 한쪽으로 기울지 않게
늘 휘휘 잘 젓겠노라 약속했다

―「희석의 원리」 전문

 일상의 어법에서 '희석하다'는 긍정적이기보다는 부정의 뉘앙스를 풍긴다. 하지만 이 일상의 보편화된 어법을 특수한 개별 원리로 바꾸려는 시도야말로 시인의 특권이자 의무라 할 수 있을 것이다. 이제 시인은 "웃음과 울음을 뒤섞으며/발목 잘린 사이를 오간다" '웃음/울음' 두 개의 정서가 대척점에 마주 서는 것이 아니라 서로를 끌어당겨 뒤섞이는 지점을 가정한다. 혹은 그 미세한 차이('발목이 잘린'은 '더는 멀어질 수 없는'으로 해석할 수 있다)에서도 오간다. 그리고 비로소 "나

는,/늦게 핀 당신이라는 꽃에게 함부로 부를 수 없는 이름"을 지어줄 수 있음을 확인한다. 이쯤에서 이향란 시인의 시는 "저 푸른 잎사귀들/바람 때문만은 아니지//아, 저러다가는/나무 한 그루 통째 뿌리 뽑히고 말 텐데"(「푸르른 절정」)라는 염려와 공감의 차원으로 진입한다. '바람'이 상징하는 자연적 인과를 넘어서, '푸른 잎사귀'가 상징하는 내적 충만에 의한 '뿌리 뽑힘'마저 다 포획할 수 있게 된 것이다. 이 '푸르른 절정'이 오랜 기간 시인의 시세계를 싱그럽게 무성하게 장식하기를 기대한다.

이 도서의 국립중앙도서관 출판시도서목록(CIP)은 서지정보유통지원시스템 홈페이지(http://seoji.nl.go.kr)와 국가자료공동목록시스템(http://www.nl.go.kr/kolisnet)에서 이용하실 수 있습니다.(CIP제어번호: CIP2016018722)

시인동네 시인선 064
너라는 간극
ⓒ이향란

초판 1쇄 인쇄　2016년 8월 22일
초판 1쇄 발행　2016년 8월 29일
　　　지은이　이향란
　　　펴낸이　고영
　　책임편집　류미야
　　　디자인　헤이존
　　　펴낸곳　문학의전당
　　출판등록　제311-2012-000043호
　　　　주소　서울시 은평구 연서로11길 7-5 401호
　　　　전화　02-852-1977　팩스 02-852-1978
　　전자우편　sbpoem@naver.com

　　　ISBN　979-11-5896-273-9　03810

＊이 책의 판권은 지은이와 문학의전당에 있습니다.
＊양측의 서면 동의 없는 무단 전재 및 복제를 금합니다.
＊잘못 만들어진 책은 바꿔드립니다.